Ceux qui restent !

COMÉDIE EN UN ACTE

PARIS

PAUL OLLENDORFF, ÉDITEUR

28 *bis*, RUE DE RICHELIEU, 28 *bis*

—

1898

Ceux qui restent !

COMÉDIE

Représentée, pour la première fois, à Paris, sur la scène du THÉATRE-ANTOINE (Spectacle d'avant-garde), le 28 Janvier 1898.

THÉATRE DE M. GRENET-DANCOURT

E. GRENET-DANCOURT

Ceux qui restent !

COMÉDIE EN UN ACTE

PARIS

PAUL OLLENDORFF, ÉDITEUR

28 *bis*, RUE DE RICHELIEU, 28 *bis*

1898

A

ANDRÉ ANTOINE

Hommage reconnaissant

E. G.-D.

PERSONNAGES

LUI . . . . M. Desfontaines.
ELLE . . . . Mlle Dornay.

———

CEUX QUI RESTENT !

Un petit salon bourgeois. Au fond, porte à deux battants. — Au milieu de la scène, une table recouverte d'un tapis : de chaque côté de cette table, une chaise. — En scène, à gauche, un canapé ; à droite, un fauteuil. — Meubles divers. — Sur un des meubles, une pipe, dans un porte-bouquet. — Eparses çà et là, sur lesdits meubles, des cartes de visite et des lettres de part.

SCÈNE UNIQUE

LUI, ELLE.

Au lever du rideau, une jeune femme, vêtue d'habits de deuil et portant épinglé à son chapeau le long voile des veuves, entre en scène, suivie d'un homme jeune encore et de noir également habillé, et se laisse tomber avec accablement sur la chaise placée à gauche de la table.

LUI.

Du courage!...

ELLE.

Je n'en ai plus.

LUI.

Il faut en avoir.

ELLE.

Facile à dire. (Pleurant et détachant son châle.) Quelle
perte, mon ami, quelle perte !

LUI.

Irréparable.

ELLE.

Un si bon mari !...

LUI.

Si confiant, surtout ! (S'asseyant de l'autre côté de la table.) Jamais nous ne retrouverons le pareil.

ELLE.

Jamais. (Relevant son voile.) On était si heureux, tous
les trois !

LUI.

Trop !... nous l'étions trop !

ELLE.

Ah ! ceux qui disent que le bonheur n'est pas de ce
monde ont raison.

LUI.

Il faut espérer qu'on le rencontre dans l'autre.

ELLE.

Et que le pauvre homme est récompensé là-haut de
tout le bien qu'il a fait ici-bas.

LUI.

Il faut l'espérer.

ELLE, pleurant.

Si celui-là ne va pas tout droit au paradis, personne n'ira.

LUI.

Personne !

ELLE, après un temps.

Depuis combien de temps le trompions-nous?...

LUI.

Mais... depuis cinq ans.

ELLE.

Déjà cinq ans!... Comme le temps passe, hein?

LUI.

Effrayant !

ELLE, rêveuse.

Un mardi, je crois, la première fois, pas?...

LUI.

Ah! ça... Etait-ce un mardi ou un mercredi...

ELLE, souriant tristement.

Ingrat!

LUI.

Tout ce que je me rappelle, c'est que c'était le jour de sa fête, et, qu'à cette occasion, je lui ai offert...

ELLE, l'interrompant.

Une boîte de londrès, — je m'en souviens.

LUI.

Non, — des brévas. — C'est moi qui les ai fumés.

ELLE, se levant et retirant son chapeau.

Quand je pense que jamais il ne s'est douté de rien.

LUI.

Heureusement.

ELLE.

Oui, il vaut mieux pour lui qu'il ait toujours ignoré
la vérité.

LUI.

Pour nous aussi.

ELLE, vivement.

Pour lui, mon ami, pour lui surtout! — Au moins,
comme ça, on n'a pas de remords!

LUI.

On n'en a pas. — Pourquoi en aurait-on d'ailleurs?

ELLE.

Pourquoi, oui? — En somme je n'ai rien à me re-
procher.

LUI.

Sans aucun doute.

ELLE.

Dieu m'est témoin que j'ai tout fait pour lui éviter...
ce qui lui est arrivé.

LUI.

Certes, car jamais malade ne fut soigné avec plus
de dévouement.

ELLE.

Il n'est pas question de cela, mon ami, — je fais
allusion...

LUI, vivement.

Compris.

ELLE.

Qui donc oserait aujourd'hui me contester le droit
de marcher la tête haute?

LUI, se levant.

Celui-là serait au moins mal venu.

ELLE.

J'ai trompé mon mari, c'est vrai, mais fût-ce pour mon plaisir ? (Répondant à un mouvement de son interlocuteur.) Que mes paroles ici soient exactement interprétées comme elles doivent l'être ! (Changeant de ton.) De ce que le premier pas fait hors du droit chemin, une femme, — loin de regretter de l'avoir fait, ce premier pas, — se montre au contraire disposée à poursuivre son voyage..... d'explorations, s'ensuit-il nécessairement qu'elle se soit d'un cœur léger mise en route ? — Non. — C'est avec résignation toujours et de propos délibéré rarement, qu'une honnête femme comme moi, s'engage dans les sentiers battus de l'adultère! — Oui, avec résignation, — je maintiens le mot!... Aux forces invincibles, qui nous entraînent invinciblement vers ces sentiers éternellement foulés, pouvons-nous éternellement résister?... Est-il possible qu'éternellement nous refusions d'obéir à notre tempérament, à la nature, aux lois?... Est-ce notre faute, à nous autres, malheureuses femmes, si l'homme auquel nous confions nos destinées, cesse de nous plaire dès que nous l'avons épousé; si notre instinct, — cet instinct qui nous est propre, particulier, — est de tromper, de tromper quand même et toujours; si les lois enfin, les imprévoyantes autant qu'injustes lois, n'ont imprudemment commis au soin d'étancher l'ardente soif d'aimer qui nous brûle, qu'un seul échanson?... Des criminelles, celles d'entre nous qui manquent à la foi jurée?... Allons donc! — Des victimes, messieurs! — les victimes d'une inéluctable fatalité.

LUI.

Evidemment.

1.

ELLE.

Avant de succomber, n'ai-je pas lutté, n'ai-je pas résisté ?...

LUI.

Si quelqu'un peut en témoigner, c'est moi.

ELLE.

Désespérément cramponnée aux aspérités qui bordaient l'abîme, j'ai attendu, attendu patiemment et d'espoir toujours bercée, attendu des heures, des jours, des semaines, des mois...

LUI.

Plus d'un an !

ELLE.

Attente vaine ! — Rien... ou si peu de chose !... Un cœur d'or, le pauvre homme, mais qu'il ne fallait pas songer à mettre en actions. — Pas plus de tempérament que cette table !

LUI.

Et encore !...

ELLE.

Le sentiment, la passion, l'amour ! — des mots pour lui, des mots dont le sens lui échappait, lui échappait totalement. — Beaucoup de bonne volonté, cependant, et même de la persévérance... Mais dame, le résultat...

LUI.

Négatif ?

ELLE.

Presque toujours.

LUI, allant s'asseoir dans le fauteuil, à droite.

N'en eût-on pas mille autres, qu'à elle seule, une

telle excuse serait une entière et complète justifi-
cation.

ELLE, debout, en face de lui.

Ce fut si bien mon avis, que me résolvant soudain
à suivre la règle générale, j'ai — comme mes pa-
reilles — obéi à cette sorte de convention tacite...

LUI.

Et réciproque......

ELLE.

Réciproque, — elle ne le fut pas pour lui.

LUI.

Était-il vraiment si fidèle que cela?

ELLE.

Un caniche.

LUI.

Hum!...

ELLE.

Mais oui, un caniche! — Si mon mari avait été
capable de me tromper, s'il avait eu tout ce qu'il
faut pour cela, s'était trouvé dans les conditions
requises en semblable circonstance, j'en eusse pro-
fité, — partiellement, tout au moins, — et ne me
fusse point aussi complètement trouvée dans l'impé-
rieuse nécessité de le tromper à mon tour! — En
tout cas, aujourd'hui, je me ferais des reproches,
tandis qu'au contraire mon droit demeure entier
d'affirmer que ma légitime infidélité ne fut que la
conséquence logique de sa décevante fidélité.

LUI.

L'adultère de la femme est l'œuvre du mari.

ELLE.

Dix fois sur neuf... Parce que l'homme dont je portais le nom ne savait pas, ne voulait pas ou ne pouvait pas jouir de tous les biens que Dieu donne ou permet, devais-je suivre son exemple? Devais-je toute ma vie résister aux élans de mon cœur, aux transports de mon âme, aux ardeurs de mes jeunes années et trahir enfin les intérêts supérieurs et sacrés de la nature?

LUI.

Non, non, mille fois non!

ELLE.

D'ailleurs, en échange de la promesse d'obéissance et de fidélité que je lui avais faite devant l'autel et la loi, il s'était engagé, lui, à subvenir à tous mes besoins; or, je le répète, sous ce rapport-là...

LUI.

Pas même le nécessaire?...

ELLE.

La misère, mon ami, la misère! (Avec conviction.) Enfin, que Dieu lui pardonne et ait pitié de son âme!

LUI.

On ne lui en veut pas, après tout.

ELLE, remontant la scène.

Aujourd'hui, surtout! (Changeant de ton.) Convenable, la cérémonie, pas?

LUI.

Très chic!

ELLE.

Pas de luxe...

LUI.

Non, mais le confortable.

ELLE, avec émotion.

J'aurais voulu que les chevaux fussent caparaçonnés...

LUI.

Ils auraient eu bien chaud.

ELLE.

Et puis, on me demandait tout de suite le double.

LUI.

Le prix de l'attelage?...

ELLE.

Presque.

LUI, se levant.

C'est à dégoûter de se faire enterrer.

ELLE, pleurant et s'asseyant sur le canapé.

Caparaçonnées ou non, d'ailleurs, les pauvres bêtes ne me l'auraient pas ramené !

LUI.

Probable. (La contemplant longuement.) Sais-tu que le noir te sied à ravir?...

ELLE, sur un ton de reproche.

Mon ami !...

LUI, interrogateur.

???...

ELLE.

Vous me tutoyez.

LUI, étonné.

Oui.

ELLE.

Ce que je permettais hier, je ne puis le tolérer aujourd'hui.

LUI.

Parce que?...

ELLE.

Parce qu'il n'est plus là, mon ami, parce qu'il n'est plus là!

LUI.

Raison de plus, — nous sommes libres!

ELLE.

Libres? — Nous l'étions, — nous ne le sommes plus.

LUI.

Nous ne le sommes plus?...

ELLE.

Vous ne comprenez pas?

LUI.

Non, — je l'avoue.

ELLE.

C'est cependant bien facile à comprendre. (Changeant de ton.) Mariée, je ne devais compte de mes actes qu'à mon mari; veuve, j'en dois compte à l'opinion publique.

LUI, ironiquement.

Au monde?...

ELLE.

Hé! oui, au monde!... Au monde, qui sait peut-être depuis longtemps à quoi s'en tenir sur la nature de nos relations, mais qui toutefois n'avait pas le droit d'élever la voix, alors que le principal intéressé gardait de Conrart le silence prudent ; au monde, dont la malignité désormais va s'attacher à nos pas ; qui nous épiera, équivoquera sur nos moindres gestes, surprendra nos plus furtifs regards, travestira le plus chaste de nos sourires, prêtera à nos plus insignifiants propos un sens qu'ils n'auront pas, nous calomniera enfin, nous accusera et nous condamnera !

LUI.

Déjouons ses calculs !

ELLE.

Le moyen ?...

LUI, s'asseyant près d'elle.

Ecoute ! (se reprenant.) Ecoutez ! — Je sais, au bout du monde, une terre ignorée...

ELLE, l'interrompant.

Voyons, mon ami, je vous parle sérieusement, moi.

LUI.

Moi aussi.

ELLE.

Non... Très gentil en musique ou en vers, ce que vous me dites là, mais en prose...

LUI.

En prose alors je vous répète que vous pouvez à l'avenir disposer de vous comme vous l'entendrez.

ELLE.

Une femme ne peut librement disposer d'elle, que lorsqu'elle ne s'appartient pas. — Mariée, tout lui est permis ; fille ou veuve, tout lui est interdit.

LUI, se levant.

Conclusion : nous devons cesser de nous voir et

renoncer l'un et l'autre à notre amour; à tout ce qui, depuis cinq ans, fut notre joie, notre ivresse, notre vie! (s'animant.) Fini, tout cela, n'est-ce pas, fini, bien fini!... Et pourquoi?... Parce qu'il a plu à votre imbécile de mari...

ELLE, vivement.

Mon ami!...

LUI.

Un joli tour, en vérité, qu'il vient de nous jouer là, l'idiot!...

ELLE, gravement.

Vous oubliez le respect que l'on doit à ceux qui ne sont plus!

LUI.

En mourant, il a brisé notre existence!

ELLE, doucement.

Ce n'est pas sa faute.

LUI.

Pas sa faute?... Un homme qui ne prenait aucune précaution!... Toujours dans les courants d'air!... La guerre pour lui faire endosser un pardessus et jamais de foulard!... Pas sa faute?... La mienne, peut-être?... Allez, si quelqu'un à cette heure s'inquiète peu de la situation dans laquelle nous nous trouvons, c'est lui!... Il le disait d'ailleurs : « Après moi, la fin du monde! » Egoïste, va!

ELLE, se levant.

Du calme, et, puisque nous connaissons le mal, cherchons ensemble le remède qu'il convient de lui appliquer.

LUI, lui prenant la main.

Je ne veux pas renoncer à toi... à vous!

ELLE, fermant les yeux.

Merci!

LUI.

Dans l'avenir, ainsi que dans le passé, il faut que toujours nous soyons l'un à l'autre!

ELLE, même jeu.

Continuez.

LUI.

Rien ne doit, ne peut nous séparer!

ELLE, même jeu.

Non.

LUI.

Eh bien...

ELLE, même jeu.

Eh bien?...

LUI.

Le seul moyen d'atteindre le but rêvé...

ELLE, ouvrant les yeux.

C'est?...

LUI.

De te... de vous remarier.

ELLE, soupirant et s'asseyant près de la table.

Déjà!...

LUI, debout, près de la table.

Je ne vous propose pas de vous épouser.

ELLE, vivement.

Je croirais que vous ne m'aimez plus. — (Avec conviction.) Notre mutuelle tendresse est sincère et profonde, — ne l'exposons pas aux dangers que toujours le mariage fait courir à l'amour!

LUI.

Bien raisonné!... Je sais bien, parbleu, que tu... que vous ne me tromperiez pas...

ELLE, naïvement.

Pourquoi?

LUI, effaré.

Moi aussi?

ELLE.

Si je vous épousais aujourd'hui, puis-je dire quel serait demain mon état d'âme?

LUI.

En tout cas, moi, je ne suis pas aveugle, et...

ELLE.

Et cependant, vous n'y verriez que du feu.

LUI, protestant.

Pardon!...

ELLE.

Du feu, mon ami, du feu! — Mais, revenons à ce qui nous intéresse.

LUI.

C'est juste, — nous nous écartons de la question!... (S'asseyant de l'autre côté de la table.) Vous résolvez-vous à suivre le conseil que je viens de vous donner?...

ELLE.

Mon deuil est bien récent. (Soupirant.) Oh! la vie!...

LUI.

Pas gaie, — non, — mais nous n'y pouvons rien.

ELLE, songeuse.

Me remarier?... Avec qui, d'abord?...

LUI.

Mais... avec...

ELLE.

Duvernois?...

LUI, protestant.

Trop jeune, Duvernois !

ELLE.

Mélidon?...

LUI.

Un caractère impossible, Mélidon ! Si nous l'épou-
sions, il nous rendrait malheureux tous les deux...
(Changeant de ton.) Voyons, que dirais-tu... que diriez-
vous du père Maubourg?...

ELLE, sans enthousiasme.

Maubourg?...

LUI.

Il vous adore et ne perd aucune occasion de célé-
brer vos qualités et vos vertus !

ELLE.

Il boite !

LUI.

En marchant, mais assis...

ELLE, après un temps.

Décoré, je crois ?

LUI.

Les palmes, oui. (Après un temps.) Tout à fait le mari qu'il nous faut, Maubourg, croyez-moi !... Excellente affaire sous tous les rapports et de tout repos !... Son mariage étant mon œuvre, pas de soupçons à redouter de sa part !... Notre tranquillité assurée jusqu'à la fin de ses jours !

ELLE.

Vaudra-t-il celui que je viens de perdre ?

LUI.

Cent fois !

ELLE.

Vous-même affirmiez tout à l'heure que jamais nous ne retrouverions le pareil.

LUI.

Quand on revient de l'enterrement, on exagère toujours un peu les qualités du défunt.

ELLE, apercevant la pipe et pleurant.

Oh !... sa pipe, mon ami, sa pauvre pipe !...

LUI, d'une voix sombre.

La dernière qu'il ait culottée !

ELLE, se levant.

Il les culottait bien.

LUI.

Ah ! pour ça, à lui le pompon !

ELLE, prenant la pipe et la lui tendant.

Vous la voulez ?...

LUI, prenant la pipe.

Je ne fume que le cigare, mais ça ne fait rien.

Il met la pipe dans sa poche.

ELLE.

Un souvenir de lui !

LUI.

Que je garderai précieusement. (se levant et changeant de ton.) Voyons, chère amie, que décidez-vous ?

ELLE, hésitant.

Comme vous me pressez !

LUI, froidement.

Times is money !

ELLE, hésitant.

J'eusse désiré, pendant quelque temps du moins, qu'on me laissât toute à ma douleur.

LUI.

Maubourg fera tout ce que vous voudrez.

ELLE.

Alors... prévenez-le... que je ne l'autoriserai à commencer sa cour... que dans trois mois.

LUI.

Soit, mais jusque-là, où nous rencontrerons-nous ?

ELLE, vivement.

Ici, impossible !

LUI, insistant.

Chez moi ?

ELLE.

On pourrait m'y voir entrer et je tiens à ma réputation.

LUI.

Au restaurant, au théâtre ?...

ELLE, tristement.

Dans ce costume ?...

LUI.

Chez des amis communs, veux-tu... voulez-vous ?...

ELLE.

Lesquels ?

LUI.

Mais... chez les Maillard, par exemple !

ELLE.

Joli choix !... Madame Maillard, une langue de vi-
père !...

LUI.

Où alors ?

ELLE, gravement.

J'ai trouvé.

LUI, interrogateur.

? ? ?

ELLE, émue.

Sur sa tombe, mon ami, sur sa tombe !

LUI, sans enthousiasme.

Au cimetière ?...

ELLE.

Là seulement, personne ne pourra s'étonner ou se
scandaliser de nous voir ensemble.

LUI, à part.

Au cime... Enfin ! (Haut.) Quand ?...

ELLE.

Le jeudi et le dimanche.

LUI.

Alors... jeudi prochain ?...

ELLE.

Entendu.

LUI, après un temps.

Faudra-t-il apporter une couronne ?

ELLE, lui tendant la main.

Si tu veux... si vous voulez.

LUI, lui baisant la main.

A jeudi.

ELLE.

A jeudi.

LUI, ouvrant la porte du fond.

Décidément, ce ne sont pas ceux qui s'en vont qui sont le plus à plaindre !

ELLE, s'affaissant sur une chaise et pleurant dans son mouchoir.

Non, ce sont ceux qui restent.

Rideau.

FIN

Imprimerie Générale de Châtillon-sur-Seine. — A. Pichat.